AF324788

Le "Combat à la Baïonnette" dans les "lignes de repos" [1]

E caractère scientifique de cette guerre ne saurait nous faire oublier son caractère héroïque. Ce n'est pas seulement le terrible génie de l'humanité, c'est aussi son âme qui grandit et qui s'élève. Au centre des prodigieux moyens de destruction dont il dispose, le courage de l'homme s'est exalté, justifiant le vers stoïcien et montrant la volonté humaine supérieure à toutes les forces du monde. Seule, sous l'ouragan meurtrier, sous le vent mortel de la bataille, notre nature physique semble d'abord amoindrie. Mais laissez passer la foudroyante rafale, attendez l'accalmie de la tempête d'acier et, de nouveau, l'homme est debout. Regardez-le. Il s'élance. Car cette victoire que la formidable voix du canon appelle pendant des heures, pendant des jours, il sait qu'il la devra saisir de *ses mains*, sur le corps sanglant et meurtri de l'ennemi, dans cet instant bref et décisif où la guerre moderne rejoint l'épopée et où la baïonnette de nos fantassins s'incline comme la lance des héros de l'Illiade et reflète le même éclair.

Qu'on nous pardonne ces formes imagées ; mais elles peignent, avec exactitude, la réalité. En effet, la puissance de notre artillerie, la force de nos explosifs, ne sont que des moyens qui permettent de « déclancher » — c'est le terme militaire — la course rapide du héros, le bond victorieux d'Achille. Que ce soit au pied des Balkans, dans les plaines de Mandchourie ou sur les bords de la Marne, l'expérience de la guerre a mis en évidence le rôle décisif de l'arme blanche. Le canon, la mitrailleuse, le fusil préparent la victoire. Mais c'est la baïonnette qui la décide. A l'heure ac-

---

(1) Une œuvre de guerre vient de se fonder aussi ingénieuse que patriotique, qui a pour but de combler une lacune de notre entrainement à l'arme blanche et qui y parvient par des moyens très simples et très pratiques que le ministère de la Guerre et le Grand Quartier général ont autorisés. Nous avons demandé à M. André Gaucher, fondateur et secrétaire général du Comité du « Combat à la baïonnette », une étude sur cet intéressant sujet. (N. D. L. R.)

Transportschiff de transport, *Anker* de anchora, *Torpedo* du même mot latin, *Flotte* de flotte et *Admiral* d'amiral.

La langue du commerce est bondée de mots latins ou français, citons au hasard *die Firma, die Compagnie, der Commis, die Börse, das Konto, die Kasse, der Banquier, der Bankerott, die Faktur, der Saldo, der Kredit, das Kapital, das Procent, das Koupon, das Agio, die Rente, das Pakett, das Bruttogewicht, der Transit, die Douane.* Les noms de métiers sont non moins curieux. Les uns viennent du latin comme *Meister, Pflasterer, Zimmermann, Ziegler, Müller Metzger, Schuster, Maurer, Mechaniker, Korbmacher, Uhrmacher, Antiquor, Apotheker, Mützenmacher, Kuchenbäcker, Konditor,* qui dérivent de : *magister, emplastrum. Comera, Tegularius, molinarius, mocellarius, sutor, murus, mechonica, corbis, hora, antiquarius, apotheca, almutia, coquere, conditor.* Les autres sont empruntés au français comme *der Fabrikant, der Tapezier* (tapissier), *der Barbier, der Friseur, der Juwelier* (le Joaillier), *der Droguenhandler, der Galonteriewaarenhandler* (le marchand de nouveautés), *der Victualienhandler* (le marchand de victuailles, le fruitier), *der Destillateur, der Instrumentenmacher* (le facteur d'instruments de musique), etc.

Il en serait de même pour les termes relatifs à l'habitation et à la nourriture, et il y a dans l'existence de ces emprunts un procédé très commode pour parler l'allemand sans l'avoir appris. Un témoignage historique confirme la nécessité de ces emprunts par les Germains, puisque Strabon déclare que les Germains ne connaissaient ni l'agriculture, ni la monnaie, ni les habitations.

Pour conclure, il se forme en réalité de plus en plus un vocabulaire européen commun emprunté à la langue latine et aux langues romanes, la loi du moindre effort pousse aussi à une transformations grammaticale de même nature. Il suffirait du triomphe militaire que nous souhaitons tous pour accélérer ce mouvement par des mesures administratives et scolaires appropriées conformément d'ailleurs aux « Anticipations » prophétiques de Wells. Reste la question de prononciation ? C'est évidemment aux phonéticiens et à leurs méthodes qu'il conviendrait d'avoir recours pour la résoudre.

MAURICE LANSAC.

cuelle on ne conquiert pas un pouce de terrain, on ne prend pas une tranchée, sans qu'on ait fait appel à cette *ultima ratio* de l'infanterie demeurée la reine des batailles.

N'y a-t-il pas là de quoi réjouir des Français ? Nous considérons avec raison la baïonnette comme une arme nationale. Notre instinct nous le dit qui n'est que le sentiment plus ou moins clair de nos merveilleuses aptitudes offensives. Et si ce n'était notre instinct, n'y aurait-il pas l'histoire, en particulier l'histoire des guerres de la Révolution et de l'Empire, qui montre l'éclatante supériorité de nos troupes dans l'emploi de l'arme blanche, l'arme redoutable entre toutes, l'armée des braves ?

Qui donc aurait cru que les Français auraient à compléter, en temps de guerre, leur entraînement à l'arme blanche ? Et c'est pourtant ce qu'ont pensé, après un examen approfondi et minutieux, un certain nombre de spécialistes. Ces praticiens, qui ne sont pas des esprits chagrins, mais simplement des esprits critiques et, dans une certaine mesure, scientifiques — car l'escrime commence par être une science avant de devenir un art — n'ont pas cru que les Français eussent, en quelque sorte, par droit de naissance, la science infuse du combat à la baïonnette ; ils n'ont pas ajouté foi davantage à la superbe mais naïve croyance populaire qui veut que le soldat français devienne invulnérable dès qu'il met baïonnette au canon ; les raisons de l'indiscutable supériorité de nos pères dans l'usage de cette arme, ils les ont trouvées dans les vieilles traditions militaires qui cultivaient avec à-propos nos aptitudes nationales, et surtout dans l'expérience continuelle de la guerre, dans l'entraînement, pour ainsi dire permanent, du combat ; enfin, comme des renseignements puisés à bonne source établissaient que sur ce point, comme sur beaucoup d'autres, nous avions payé cher, hélas ! au début de la guerre, le *romantisme* de nos conceptions, ils se sont mis sérieusement à l'étude de la *réalité*. La réalité ! Quel beau mot, et aussi, quelle belle chose qui domine, qui commande toutes les pensées, toutes les actions des hommes d'aujourd'hui ! Ai-je besoin de dire que la guerre est un formidable agent de réalisme ? Que d'illusions, que de fumées, a déjà dissipées le souffle brutal du canon ! Quelle maîtresse de vérités, quelle correctrice d'erreurs, que la bataille ! Comme elle remet à leur vraie place nos idées préconçues, nos préférences personnelles, ce que j'appellerai les débordements de notre moi — fût-ce de notre *moi national* — jusqu'à ce que nous nous soumettions à la nature des choses dont la loi inflexible et nécessaire ne varie pas.

Examinons donc, au point de vue qui nous intéresse, la réalité, cette magnifique réalité du combat à l'arme blanche et posons-nous cette question : Qu'est-ce, réellement, qu'une charge à la baïonnette ?

Voici la définition, ou plutôt la description en quelque sorte prophétique, que nous en donne l'auteur d'un intéressant manuel technique, le capitaine Gaston du 10ᵉ Chasseurs à pied :

« Les troupes échelonnées en profondeur, dans les formations « les plus souples et les moins vulnérables, se portent en avant, « baïonnette au canon ; les officiers, les sous-officiers précédant « leurs hommes ou confondus avec eux, les entraînent, au cri de : « « En avant ! »

« A ce moment, les tirailleurs les plus rapprochés de la ligne « adverse *surgissent du sol*. Enlevé par une poussée irrésistible « venue de l'arrière, l'assaillant exécute un dernier bond vers cet « adversaire abrité qui lui adresse des insultes et tire sans se « découvrir. »

« Au milieu de la fusillade, deux lignes de tirailleurs vont s'a- « border et ne sont plus qu'à quelques pas l'une de l'autre. »

Ici, je suspens, à dessein, la citation. Que va-t-il se produire ? La ligne assaillante, la ligne offensive, celle qu'anime cette « furie » si bien qualifiée de française, va-t-elle balayer la ligne adverse par le seul fait de l'impression formidable que produit une ruée en masse à l'arme blanche ? C'est le cas idéal où l'élan initial que n'ont pu ralentir ni le feu de l'ennemi, ni les obstacles du terrain décide d'un seul coup la victoire. C'est celui qui plaît le plus à notre sensibilité, à notre imagination, à nos nerfs, Ai-je besoin de dire que c'est aussi le cas exceptionnel et qu'il faut se placer pour voir juste dans l'hypothèse d'une résistance de l'ennemi. C'est d'ailleurs cette hypothèse qu'à envisagée le technicien militaire dont je reprends la citation.

« Un choc se produit entre les divers éléments des compagnies « de première ligne, *en même temps qu'un léger temps d'arrêt* « *entre les deux hommes que le hasard met en présense.* »

« Un temps d'arrêt », « deux hommes en présence », voici donc l'aboutissant de ces deux actions collectives. Deux masses ont été entraînées et lancées en avant. Elles se sont heurtées. Mais ceci n'est qu'une préparation. Et voici l'instant décisif : *Deux hommes sont en présence.* Maintenant, suivant l'étendue du front, la victoire va dépendre de dizaines, de centaines ou de milliers de *duels*.

De duels ? Eh ! oui, de duels d'un caractère tout particulier, dominés par l'impérieuse nécessité de livrer un combat immédiat et par conséquent, d'une rapidité foudroyante. La durée des duels ordinaires, à l'épée ou au sabre, s'explique par la faculté de rompre et par la certitude de n'avoir qu'un adversaire à combattre. Sur le champ de bataille, rien de semblable. Rompre est souvent presque impossible, et derrière le premier adversaire, à ses côtés, d'autres surgisent. Il faut frapper, et frapper vite, pour garder le pouvoir de frapper encore.

Dans ce duel, à solution nécesairement instantanée, qui ne voit le formidable avantage d'un homme entraîné au combat ? C'est celui d'un épéiste habile, mis en présence d'un combattant inexpert, dans un duel dont la durée maxima serait fixée à trois secondes, par exemple, sans faculté de céder du terrain. En face de l'escrimeur, sûr de la promptitude de sa décision et de la supériorité de ses réflexes, l'adversaire ignorant ne serait qu'une victime.

Nous venons d'esquisser la figure générale d'une charge, nous avons analysé et isolé les traits caractéristiques du combat individuel à la baïonnette. Résumons-nous, et formulons les principes élémentaires d'une théorie. La charge, pourrait-on dire, comporte deux temps :

1° L'élan collectif initial ;

2° Les combats individuels, véritables duels qui en sont l'aboutissant.

Et ce qui est merveilleux pour les esprits qui savent lire dans cette psychologie du combat énigmatique aux profanes, c'est qu'à chacun de ces *moments* de l'action, correspondent d'admirables qualités du soldats français. Seulement, les unes sont spontanées et les autres ont besoin d'être éduquées.

Ce qui est spontané, c'est ce goût, c'est cet instinct de l'offensive en commun, tout à fait spécial à notre race. La *furia francese*, vieille comme le sang gaulois, n'est pas un vain mot. C'est un phénomène ethnique d'énergie collective. « Mes hommes, lancés en avant, me disait un des plus glorieux héros de l'Argonne, le général Malterre, partaient comme des fous et revenaient grisés, les baïonnettes rouges jusqu'au quillon, racontant des choses extraordinaires ».

Au contraire, ce qui doit être, je ne dirai pas réfléchi, mais réflexe, c'est-à-dire éduqué, ce n'est pas la course au combat, c'est le combat lui-même. L'éducation pratique et simple des réflexes, voilà tout le secret de la victoire dans ce duel foudroyant, dont nous venons d'examiner les conditions. Entre ces deux adversaires que la fatalité de la bataille a précipités l'un vers l'autre, la victoire, je l'affirme, est au *combattant* et je donne à ce mot le sens précis

que sous-entendent volontiers certains éducateurs de nos salles d'armes, plus soucieux des résultats du terrain que des jeux de nos académies, celui de l'homme entraîné au combat, qui, d'une façon ou d'une autre, a réussi à se créer des réflexes *pratiques*, des *réflexes de combat.*

Comment procéder d'une façon rapide à cette éducation ? Est-ce par le maniement d'armes, par les mouvements d'ensemble exécutés dans la cour des casernes, par cette gymnastique militaire si joliment agrémentée de volte-faces variées et de pirouettes gracieuses, que des recrues se trouveront préparées à ce choc bref et terrible du duel à la baïonnette ? Allons-donc ! Avec son ironie savoureuse, M. le sénateur Henry Bérenger, membre de la Commission de l'Armée, nous a peint dans *Paris-Midi* un fidèle tableau de cette escrime de parade : « Je me souviens, dit-il, du temps lointain où, « simple soldat de 2ᵉ classe, je décomposais dans la cour de la « caserne d'Evreux les mouvements de ce que le règlement mili- « taire appelait : l'escrime à la baïonnette ». Singulière escrime « où l'adversaire n'existait pas, où tous nos mouvements étaient « imaginaires : où nos « coups lancés » ne visaient que l'air, où « les « parez » et les « pointez » ne s'adressaient qu'au vide. « Tous ces exercices étaient monotones et fictifs, comme nous le « rappelait vendredi, M. le ministre de la Guerre, ancien fantas- « sin, lui-même, dans l'audience qu'il avait bien voulu réserver « au « Comité du Combat à la Baïonnette. »

Je me permettrai d'ajouter ceci : Que penserait-on d'un prévôt qui, chargé d'instruire un novice, lui apprendrait, la veille d'une rencontre, à tirer au mur ou à parer dans le vide ? De toute évidence, l'Ecole du combat a besoin d'une autre réalité et cette réalité c'est le combat lui-même. « Le combat individuel, cette lutte « ardente d'homme à homme, a écrit dans ses *Propos d'Epée*, « l'éminent président d'honneur de la Fédération de l'Escrime « Française, M. Hébrard de Villeneuve, est le seul exercice qui « puisse, en pleine paix, donner l'illusion de la mêlée. » Parole lumineuse, qui pourrait servir d'épigraphe à cette étude. Posons en principe que le combat individuel est le plus puissant multipli- cateur de l'*énergie combative* de l'homme, le meilleur moyen d'édu- cation du soldat, celui qui permet de cultiver le plus rapidement ses réflexes personnels, ce que nous appellerons, si vous le voulez bien d'un terme moins scientifique, ses *aptitudes individuelles de combat.*

Autrefois, cette éducation se faisait pour chaque soldat, sur le champ de bataille. Elle était empirique. Elle était lente.

Aujourd'hui elle peut être très rapide, parce qu'elle peut être scientifique, ou, tout simplement, rationnelle.

Ce procédé rationnel d'éducation, vous le connaissez, il consiste dans l'entraînement au combat individuel par la méthode de l'assaut. Nous ne l'avons pas inventé ; il nous vient du Japon. *Il y a dix ans, les Japonais préparaient dans leurs salles d'armes leurs étonnantes victoires de Mandchourie.* Ils étudiaient une escrime pratique à la baïonnette, en se servant d'un fusil d'assaut dans le canon duquel ils glissaient un jonc flexible. Mais le jonc ne leur donnant pas suffisamment l'image de la réalité du combat, ils inventaient bientôt la baïonnette métallique à tige rentrante. Le fusil d'étude était créé.

Il fut adopté d'abord pas nos braves alliés russes qui avaient éprouvé la stupéfiante virtuosité de leurs adversaires dans le combat à l'arme blanche. J'ai entre les mains une lettre de M. le colonel d'Osnobichine, attaché militaire de Russie, qui a bien voulu me renseigner sur la façon dont le soldat russe était entraîné au combat à la baïonnette.

« Toutes les mesures sont prises, déclare le colonel d'Osnobi-
« chine, pour inculquer à nos soldats l'amour de cette arme *que*
« *nous employons aussi bien dans l'infanterie que dans la ca-*
« *valerie et le génie,* car tous nos régiments de dragons, hussards
« et lanciers, ainsi que nos bataillons de sapeurs sont armés du
« fusil avec baïonnette et non de la carabine.

« En outre, nous avons dans les régiments tout un matériel d'es-
« crime à la baïonnette comprenant des fusils en bois avec baïon-
« nettes flexibles, des masques et des plastrons... Tous les mess
« d'officiers possèdent un matériel pareil et beaucoup d'officiers
« de toutes armes s'entraînent au combat à la baïonnette. Des as-
« sauts et des tournois se font souvent dans les garnisons à l'oc-
« casion des fêtes régimentaires, ainsi que des carrousels, au cours
« desquels les assauts à la baïonnette, aussi bien que des assauts
« de sabre contre baïonnette, occupent une place importante. »

Inventés au Japon, adoptés en Russie, mis en pratique même dans l'armée de certains pays neutres comme la Hollande, le fusil d'étude, le masque et le gant, instruments indispensables des assauts de baïonnette n'étaient pas ignorés en France. De grands spécialistes de l'arme blanche, comme le colonel Mordacq, le commandant Hardy, le commandant Sée, ne cessaient d'attirer l'attention des autorités militaires sur les avantages de l'Ecole de l'Assaut. Ils multipliaient leurs démarches et leurs efforts et se livraient à une active propagande. Ils réussirent enfin à faire intercaler dans le programme d'une brillante fête d'escrime, donnée, il y a plus d'un an, au Grand Hôtel, une série d'assauts de baïonnette exécutés par les élèves de Saint-Cyr. Ce fut un triomphe. Tout le monde des armes fut conquis. C'était le succès assuré du combat à la baïonnette dans tous nos tournois, dans tous nos assauts et, par conséquent, la certitude que, désormais, le matériel d'entraînement, dont l'usage venait d'être prescrit, quelque temps auparavant, dans les régiments, serait sérieusement employé. Malheureusement, la guerre ne tardait pas à éclater. Ainsi, deux classes seulement avaient connu parmi les lenteurs, les hésitations et les tâtonnements du début, le combat à la baïonnette. Dix-huit autres classes ignoraient totalement ce mode d'instruction merveilleux.

Et il paraissait impossible de combler cette grave lacune de notre entraînement à l'arme blanche. Car, enfin, la plus grande partie de nos soldats se trouvait sur le front. Ils se servaient tous les jours de la baïonnette. S'en servaient-ils bien ? Oh ! cela ne faisait pas de doute. Il suffit pour répondre à la question, de connaître la popularité de « Rosalie ». Mais, ne pouvaient-ils s'en servir mieux ? Ceci, c'est autre chose. Quelques-uns de nos lecteurs, sans doute, ont visité le champ de bataille de la Marne. Aucun d'eux n'a-t-il rencontré, sur l'immense charnier, un de ces couples terriblement fixés dans le geste réciproque de la mort. Ils sont nombreux, trop nombreux ces « coups doubles » dont la fréquence souligne l'élan, la fougue, le courage, et prouve aussi, hélas, l'inexpérience.

D'autres échos parvenaient du front. Nous n'ignorions pas quelle curiosité des multiples secrets du combat poursuivaient nos braves dans ces lignes de repos où il n'est pas si facile, tous les poilus le disent, de s'affranchir de l'obsession de la bataille. Ici, on étudiait la parade du coup d'assommoir familier des Boches avec la crosse. Là, on s'entraînait, au moyen de sacs de son, à acquérir cette détente sèche, appuyée par le poids du corps, qui crève d'un seul coup la peau, cette peau humaine dont l'incroyable résistance surprend toujours les novices. Ailleurs — car ce n'est pas tout d'entrer, il faut ressortir — on s'évertuait à trouver le tour de main indispensable pour retirer brusquement la terrible lame quadrangulaire sur laquelle, paraît-il, les lèvres de la blessure coïncent très souvent, forment ventouse. Des parades, des bottes, des procédés particuliers, des trucs employés dans le corps-à-corps, voilà certainement ce qui intéressait, ce qui passionnait nos « poilus », pendant leurs heures de loisir, au moins autant que la manille.

Et nous en avions la preuve, lorsque, parfois, dans ces milieux parisiens où des éducateurs passionnés préparaient nos « Marie-Louise » la jeune classe 1915, à ces charges à la baïonnette, qu'elle vient d'exécuter si brillamment sur le front, nous voyions paraître quelque blessé convalescent. Il s'intéressait au travail, posait des questions : « Que feriez-vous dans tel cas ? Dans tel autre ? Voyons, par exemple, comment se débarrasse-t-on de deux adversaires ? » Et, c'était toujours l'invariable réponse : « Prenez donc le fusil d'étude, le masque, tenez, vous allez voir ! » Il repartait, ravi, en possession de quelques coups, absolument sûr de lui-même. Et nous songions avec tristesse : « Oui, mais les autres..., *tous les autres*, comment font-ils ? Comment peuvent-ils s'entraîner ? *Ah ! si nous pouvions y aller !* Si nous obtenions l'autorisation d'apporter aux hommes les outils nécessaires avec la manière de s'en servir... Après, cela irait tout seul. Nos gars sauraient bien se débrouiller. »

C'est ainsi, qu'est né l'idée du Comité du « Combat à la Baïonnette ». Elle consiste à mettre à la disposition des soldats dans les « lignes de repos » où ils se reposent et où ils *jouent* les éléments d'un jeu nouveau, d'un *sport* à la fois passionnant et utile qui, tout en distrayant les hommes, multiplie rapidement leur valeur combative. Nos soldats, jouent aux quilles, au foot-ball, aux barres. Et bien, pourquoi ne joueraient-ils pas... à la baïonnette ?

Cette idée très simple, qui n'est pas, comme on le voit, une grande pensée, mais qui, inspirée par la sollicitude pour nos soldats, par le souci de ménager leur vie, a ceci de commun avec les grandes pensées chez nous, c'est qu'elle vient du cœur, a eu le bonheur de rallier autour d'elle toute une élite parisienne. M. Hébrard de Villeneuve, l'éminent président d'honneur de la Fédération Nationale de l'Escrime accepta aussitôt de la patronner (1). Bientôt elle était agréée par le ministre de la Guerre. Et elle recevait enfin l'autorisation du Grand Quartier Général. Le Généralissime des Armées Françaises, Joffre, cette haute figure morale, à qui aucun des besoins ou des maux de nos chers soldats ne saurait être indifférent, avait approuvé cette œuvre dont le seul mérite est de joindre à beaucoup de patriotisme un peu d'ingéniosité.

ANDRÉ GAUCHER.

---

(1) Les vice-présidents sont : MM. Henry Bérenger, Henri Galli, Joseph Reinach. Le comité comprend : MM. Barrès, A. Deville, A. Mithouard, Aucoc, Léon Paris, Stéphen Pichon, Jean Dupuy, Andrieux, Joseph et Jacques Chaumié, Ch. Humbert, L. Dausset, de Chasseloup-Laubat, Jean Finot, et la plupart des directeurs des grands journaux.

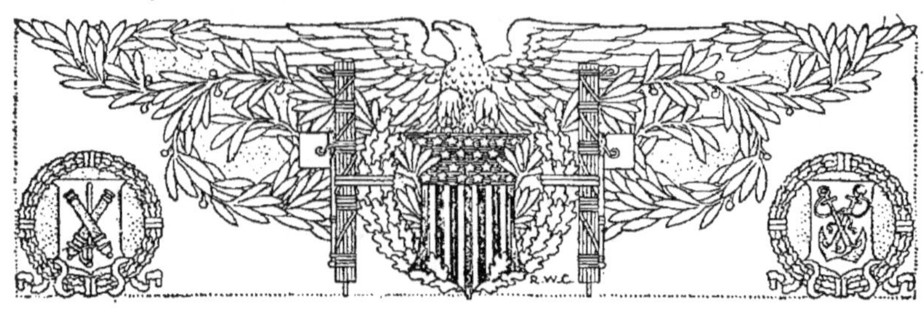

Mouvement littéraire anglo-américain

I. — *Romanciers d'hier et d'aujourd'hui* (1).

Si Gustave Flaubert est le « romancier des romanciers » M. Henry James est bien le « critique des critiques ». Que nous le suivions dans ses « Notes sur Flaubert, sur Balzac, sur d'Annunzio », nous faisons de pieuses investigations intellectuelles dans le plus beau domaine des lettres contemporaines.

M. Henry James nous donne une émotion complexe par la suprême virtuosité de sa critique qui est un art aussi grand que celui de créateur ; certainement il n'est pas d'art plus périlleux, de science plus exacte, de discernement plus subtil que ceux du critique littéraire.

Par le fait même que la littérature est l'expression de la vie, elle ne saurait rester toujours la même, se recommencer, vivre des mêmes idées ; ce mouvement est un progrès, cette évolution est une découverte incessante de la vie et la critique, avertie des contingences, est solidaire de la littérature, puisqu'elle sert d'intermédiaire décisif entre les artistes et les hommes.

A l'éloge de M. Henry James nous retrouvons dans ses *Notes sur les Romanciers* toutes les belles qualités habituelles de cet éminent critique, que l'on a voulu nous montrer trop souvent comme délibérément abstrait et de pensée ésotérique ; cette erreur illégitime fut répandue, sans doute, par quelques illustres victimes qui ont reconnu leur véritable identité sous la plume mordante de M. James, dont les fines flèches acérées ont percé

____

(1) Par Henry James (Charles Scribner's sons, New-York).